童眼识天下 科普馆

KUN CHONG SHI JIE

昆虫世界

童心○编绘

U0314336

化学工业出版社

·北京·

编绘人员：

王艳娥	王迎春	康翠苹	崔 颖	王晓楠	姜 茵
李佳兴	丁 雪	李春颖	董维维	陈国锐	寇乾坤
王 冰	张玲玮	盛利强	边 悦	王 岩	李 笪
张云廷	陈宇婧	宋焱煊	赵 航	于冬晴	杨利荣
张 灿	李文达	吴朋超	曲直好	付亚娟	陈雨溪
刘聪俐	陈 楠	滕程伟	高 鹏	虞佳鑫	

图书在版编目（CIP）数据

童眼识天下科普馆.昆虫世界／童心编绘.—北京：化学工业出版社，2017.8（2024.10重印）
ISBN 978-7-122-30089-8

Ⅰ.①童… Ⅱ.①童… Ⅲ.①常识课-学前教育-教学参考资料 Ⅳ.①G613

中国版本图书馆CIP数据核字（2017）第158091号

项目策划：丁尚林　　　　　　　　　　　　责任校对：宋　玮
责任编辑：隋权玲　　　　　　　　　　　　装帧设计：刘丽华

出版发行：化学工业出版社(北京市东城区青年湖南街13号　邮政编码100011)
印　　装：北京宝隆世纪印刷有限公司
889mm×1194mm　1/20　印张4　2024年10月北京第1版第14次印刷

购书咨询：010-64518888
售后服务：010-64518899
网　　址：http://www.cip.com.cn
凡购买本书，如有缺损质量问题，本社销售中心负责调换。

定　　价：19.80元

小小的昆虫虽然看上去不起眼，但它们却是地球上种类最多、数量最大、分布最广泛的动物。不管是寸草不生的沙漠，还是郁郁葱葱的森林，又或者碧波荡漾的溪边，我们都可以见到昆虫的身影。

早在恐龙诞生以前，昆虫就出现在地球上了。当时的远古昆虫和现代的比起来，除了体形差别比较大以外，基本没有什么太大的变化。经过几亿年的演变与发展，如今昆虫的足迹几乎遍布地球的每一个角落。

也许你会觉得某些昆虫很美丽，比如蝴蝶；也许你也会觉得有些昆虫太可恶，比如蝗虫。实际上，它们拥有相同的特点：都是由头、胸、腹3部分组成，一般都有3对足、2对翅。你还想了解更多关于昆虫的事情吗？那就请走进《昆虫世界》一书，一起去探寻昆虫的秘密吧！

目录
CONTENTS

72

20

60

46

生命力顽强的 蝗虫

蝗虫是害虫，它们是破坏专家，会把农民伯伯的劳动成果吃个精光。不仅如此，蝗虫的生命力还非常顽强，它们能在各种环境中生存，真是让人头疼。

跳跃和飞行

蝗虫是鼎鼎有名的跳跃专家，瞧，它们的腿很发达，尤其是后腿强壮有力，十分适合跳跃。如果遇到危险，蝗虫可以轻巧地用跳跃躲开袭击。别以为蝗虫只有跳跃这一项技能，它们还会飞呢！蝗虫后翅宽大、柔软，是非常可靠的飞行器。

可怕的集体行动

"集体力量大"，这句话放在蝗虫身上真是再合适不过了。蝗虫只有几只或者几十只的时候，并不会构成什么威胁。但是，假如有几万只、几十万只蝗虫成群飞来，它们每经过一个地方，那里的庄稼都会被破坏得一片狼藉。

产卵喽！

如果亲眼看到蝗虫产卵的过程，你一定会惊讶得目瞪口呆。雌蝗虫会先找一个满意的产卵地，然后伸出产卵器，插进土里，它们的产卵器能伸得长长的，甚至比身体的两倍还要长。雌蝗虫将卵产下之后，还会用土把卵盖住，以确保宝宝们的安全。

嗡嗡叫的 "吸血鬼" ——蚊子

嗡嗡嗡——我是一只蚊子，你对我一定很熟悉。夏天和秋天的夜晚，我和同伴们会频繁拜访人类朋友，他们的血是我们最喜欢的食物，不过人类似乎并不欢迎我们。

其实不会叫

听到嗡嗡嗡的声音，你就会发现我们来了。告诉你一个秘密，其实这个嗡嗡声并不是我们的叫声，而是我们翅膀振动的声音。在飞行时，我们翅膀每秒钟能振动 600 次左右呢。

好身材

在昆虫界，蚊子可是出了名的好身材。瞧，我们的腿又细又长，身体也十分轻盈，体重只有几毫克。这回你知道了吧？因为我们很轻，所以我落到你身上时，你几乎感觉不到。

谁是"吸血鬼"？

人吃饭的时候要用嘴，而昆虫的嘴就是口器。我们蚊子的口器就像是一根细细的注射器的针头，这种口器叫作刺吸式口器。有了它，我们就可以轻松刺进皮肤，一口气吸个饱。但并不是所有的蚊子都吸血，雄蚊子就是素食主义者，它们更喜欢吸食植物的汁液。

我也会挑食

别以为我们不挑食，我们对食物也要进行挑选，那些血液能给我们带来丰富的胆固醇和维生素 B 的人会备受青睐，成为"爱招蚊子的人"。蚊子的嗅觉可是很灵敏的，我们通过气味就能找到合胃口的食物。

勤劳的酿蜜能手——蜜蜂

"小蜜蜂，嗡嗡嗡，飞到西，飞到东……"蜜蜂真勤劳，我们经常能看到它们忙碌地飞来飞去，它们在忙什么呢？我们快来一起看看吧！

谁最勤劳?

每个蜂蜜家庭中都有三类成员：蜂王、工蜂和雄蜂，它们的分工非常明确。工蜂是最勤劳的，也是数量最多的，它们不仅要建造和保卫蜂巢，还要采集花粉，酿造花蜜，就连照顾幼蜂的工作也是由它们负责的，真是太勤劳了！

蜂王和雄蜂的生活

和众多的工蜂相比，一个蜂巢里通常只有一只蜂王，它的主要任务就是产卵，完成繁衍后代的任务。雄蜂的职责是在繁殖季节和蜂王交配，不幸的是，事后它会死去。那些没有机会与蜂王婚配的雄蜂，整天游手好闲，会在秋天被赶出蜂巢，入冬之前，因为饥饿、寒冷而死。

舞蹈密码

　　蜜蜂大军采蜜前，"花蜜侦查员"会提前出动。侦察蜂发现合适的蜜源后，会带上一些花蜜"样本"飞回蜂巢，通过舞蹈告诉同伴们蜜源的位置。如果侦察蜂跳起圆圈舞，表示蜜源离蜂巢很近；如果跳起8字舞，就是说蜜源离得比较远。在跳舞时，如果侦察蜂的头朝上，那表示蜜源在向着太阳的方向；如果头向下，那么蜜源就在背着太阳的方向。

两败俱伤的攻击

蜜蜂看上去很温柔，但千万不要招惹它们，因为它们可是会蜇人的！蜜蜂的腹部末端长着有毒的螫针，那是它们最厉害的武器。不过，蜜蜂并不好斗，不会轻易使用自己的毒针，因为当它们将毒针刺出去的时候，内脏也会被毒针上的倒钩拖出来，它们也会因此付出生命的代价。

蜂蜜是怎么来的？

蜂蜜是蜜蜂一点一滴辛苦酿造出来的！当蜜蜂停在花上时，它会伸出细管子一样的"舌头"。"舌头"一伸一缩，花蜜便流进了蜜囊。直到把蜜囊装满，蜜蜂才会返回巢穴。它们把花蜜交给内勤蜂，内勤蜂会把甜汁吸到自己的蜜胃里进行调制，然后再吐出来，经过反复酿制，香甜的蜂蜜才会出现。

冬天也不怕

　　蜜蜂只有冬天才能短暂地休息一下。可是，冬天那么冷，小蜜蜂们会不会被冻坏呢？别担心，蜜蜂可聪明了，它们会紧紧地抱在一起，形成一个"蜂团"，相互取暖。它们还会不断交换里外的位置，让每一只蜜蜂都能享受到温暖。

爱搓脚的"杂技演员"——苍蝇

苍蝇很不讨人喜欢，它们贪吃极了，总是会停留在食物上不停地偷吃，不过它们反应迅速，而且擅长飞行，想要捉住它们可没那么容易。

苍蝇为什么爱搓脚？

苍蝇很喜欢搓脚，它们为什么会有这样的爱好呢？原来，苍蝇的味觉器官长在脚上，它们发现食物后总会用脚去尝尝鲜，于是它们的脚上沾满了各种食物，这样不仅影响味觉，还不利于飞行。所以，苍蝇常常会停下来把脚搓干净。

我会杂技

苍蝇站在光滑的玻璃窗上，不仅不会掉下来，还能悠然自得地行走，这是怎么回事？这要归功于苍蝇的脚，它们的脚上长着绒毛，能够分泌一种具有黏附力的液体。有了它，苍蝇就能够在光滑的玻璃上表演"杂技"了。

眼睛最多的昆虫——蜻蜓

看，一只蜻蜓从空中飞过。它有着透明的网状翅膀，身材纤细修长，虽然没有蝴蝶艳丽，但身姿也独具特色。不仅如此，蜻蜓还是昆虫界的"捕虫高手"呢。

数数蜻蜓几只眼

蜻蜓有两只又大又鼓的眼睛，因为这两只大眼由28000只左右的小眼组成，所以又叫"复眼"。这让蜻蜓成为世界上眼睛最多的昆虫。不仅眼睛多，蜻蜓的视力也非常好，而且还能测速呢！这让蜻蜓成为了战无不胜的捕虫高手！

小宝宝出生了！

雌蜻蜓将卵产到水里后，蜻蜓卵会孵化出幼虫。蜻蜓的幼虫叫"水虿（chài）"长得和蜻蜓一点儿也不像，它们肚子很大，又短又胖。蜻蜓幼虫要在水里生活两年左右，直到经历最后一次蜕皮，变成真正的蜻蜓，才离开水面飞向天空。

蜻蜓点水有原因

蜻蜓在水面上飞行，忽然它用尾尖点触水面，然后快速飞走了。奇怪，蜻蜓为什么要点水呢？原来，它这是在产卵呢！蜻蜓的幼虫要在水里生活，于是蜻蜓妈妈会用尾巴点水的方法把卵排到水中。

繁殖能力强大的蟑螂

蟑螂有一个外号，叫"小强"，这是因为它们虽然个头不大，但是却拥有非常强大的生命力和繁殖能力。

古老的蟑螂

蟑螂看着不起眼，但它们却是地球上最古老的昆虫之一，曾经还和恐龙生活在同一个时代呢。神奇的是，几亿年来，蟑螂的外貌并没有什么变化，但是生命力和适应环境的能力却越来越强大了。

什么都吃

蟑螂不挑食，几乎什么东西都吃。它们的嘴非常厉害，可以咬碎各种坚硬的物品。不仅如此，它们忍受饥饿的能力也非常强，就算是不吃不喝，也能存活很久。

不爱阳光爱钻洞

蟑螂比较怕光，非常喜欢阴暗的环境。也正是因为这样，一天中大概有 75% 的时间蟑螂都在休息，只有夜深人静的时候，它们才会精力充沛地出来活动。另外，它们还有一个爱好——钻进狭小的缝隙和洞里，也许那样会比较有安全感吧。

举刀"祈祷"的螳螂

有一种昆虫是有名的"刀客"，它们就是螳螂。螳螂在昆虫中算是比较"英俊"的成员了，它们的样子既威武又神气。

走近螳螂

螳螂的身材修长，它们的前肢就像两把大刀，上面长着一排锯齿，坚硬又锋利，末端还长着小钩子，可以轻松地将猎物钩住。相比之下，它们三角形的头显得很小，不过却十分灵活，能够自由地转动。

善于伪装

螳螂还有一项本事——伪装。瞧，兰花螳螂能够巧妙地伪装成兰花的样子，一动不动地等待猎物送上门。而枯叶螳螂则会伪装成一片枯叶，看上去和真的枯叶几乎一模一样。

捕虫快刀手

　　螳螂在捕虫的时候，速度快得就像闪电一样，从扑向猎物到成功捕获，只需要 0.05 秒的时间，真是名副其实的"快刀手"！

凶残好斗的益虫

　　螳螂是益虫，它们能消灭很多害虫，像蝗虫、苍蝇、蚊子这些家伙都是它们喜欢的美味。不过，螳螂残暴好斗，有的种类还敢向小鸟和蜥蜴这些小动物发起攻击。

吃掉丈夫？

　　在螳螂的世界中，雌性比雄性更强大。雌螳螂不仅吃得比雄螳螂多，而且捕猎的能力也更强。最让人吃惊的是，雌螳螂在交配之后，有时会因为饥饿，将自己的新婚丈夫无情地吃掉，为自己补充能量。

祷告虫

　　螳螂又叫作"祷告虫"，这是因为它们常常将前臂举起，就像是祈祷一样，所以才有了这样一个名字。但是，可别被它们虔诚的外表欺骗，它们看上去优雅，实际上却是凶狠的猎手！

小个子的大力士——蚂蚁

蚂蚁在生活中随处可见，但是你知道吗？它们有很多厉害的本事呢！
让我们拿起放大镜，好好观察一下可爱的小蚂蚁吧！

小小的大力士

蚂蚁是有名的大力士，它们能举起超过自身体重上百倍的东西，可以拖走超过自身体重上千倍的物体！蚂蚁的力气怎么这么大呀？这要感谢它们神奇的腿部肌肉。蚂蚁的肌肉就像一台发动机一样，能给蚂蚁提供非凡的力量。

摔不死

蚂蚁有一项很厉害的本领，它们即使从很高的地方掉下来，也不会受伤。这是怎么回事呢？原来呀，蚂蚁实在是太轻了，它们从高处掉下来的时候，速度是慢悠悠的，所以根本不会给身体造成伤害。

25

蚂蚁搬家的秘密

每当要下雨的时候，蚂蚁们就会匆匆忙忙地搬家。因为下雨之前，水汽增多，空气中的湿度会变大，生活在地下的蚂蚁能够灵敏地感知到这一变化，为了避免自己的家被雨水淹没，蚂蚁会赶紧搬到高处去。

长寿的昆虫

别看蚂蚁的个子小，它们的寿命却很长，工蚁的寿命最长能达到数年之久，而蚁后的寿命竟然能达到几十年！

蚂蚁家族的分工

　　蚂蚁家族的成员有不同的分工。蚁后体形最大，它的主要任务就是产卵。雄蚁的任务就是和蚁后生育蚂蚁宝宝。而工蚁的数量最多，也是最忙碌的，它们每天四处奔走，为大家带回食物，还要承担维护蚁穴等重要工作。兵蚁的任务则是保护大家，一旦敌人来犯，它们就会立刻反击。

建筑专家

　　蚂蚁称得上是昆虫界的建筑精英呢。蚁穴就像一个地下王国，道路四通八达，还有很多"房间"。这些房间中有蚂蚁的储藏室，里面凉爽通风，食物放在里面不会变质。蚂蚁"优秀建筑师"的称号可是实至名归啊。

贪吃的伪装高手——毛毛虫

毛毛虫很常见，这些家伙颜色鲜艳，有的身上还有很多有毒的刺毛，看上去很吓人。不过，关于它们的好玩知识可不少，我们快来看一看！

伪装来保护

毛毛虫是蛾类或蝶类昆虫的幼虫。它们没有翅膀，不会飞行，只会慢吞吞地蠕动，行动非常迟缓。那么它们该怎么保护自己呢？其实，毛毛虫很聪明，它们会用伪装来保护自己。有的毛毛虫身上带着眼睛一般的花纹，可以恫吓、迷惑捕食者；有的毛毛虫身上长着有毒、细长的刺毛，警告捕食者不要靠近；还有的毛毛虫身体的颜色会和周围环境融为一体，避免被敌人发现……

变身！

毛毛虫吃个不停，可不是因为贪吃，而是因为它们要快点长大。毛毛虫长大后，有的会变成蝴蝶，有的则变成飞蛾。

又饿了

毛毛虫真是太能吃了，它们从出生开始，就一刻也不停嘴。毛毛虫的嘴很厉害，就像一把剪刀一样，能够把叶子切得碎碎的，还能把食物磨细，这样更加容易消化。

鲜艳斑斓的蝴蝶

蝴蝶是昆虫界的"大美人"，它们颜色鲜艳，有着五彩斑斓的斑纹。想和漂亮的蝴蝶成为好朋友吗？那就先从了解它们开始吧！

美丽翅膀的秘密

蝴蝶翅膀上的图案丰富多彩，令人赞叹不已。蝴蝶之所以这么靓丽，主要就是依靠翅膀上鳞片的颜色。在显微镜下，鳞片一行一行地排列着，整整齐齐的样子像是屋顶上的瓦片。这些鳞片是"一次性"生长的，一旦脱落就再也长不出来了。

穿着"雨衣"

蝴蝶的翅膀不仅美丽，而且还有真本事呢！它们能当蝴蝶的"雨衣"。蝴蝶翅膀上面的鳞片含有油性的脂肪，具有防水的作用，所以，蝴蝶在小雨中也能飞行。但如果雨下得太大，蝴蝶就会躲在叶子下，它们可禁不住猛烈雨点的打击。

无声的飞行

蚊子、蜜蜂和苍蝇在飞行的时候都会发出声音，但是你一定没听到过蝴蝶飞行的声音吧？蝴蝶扇动翅膀的频率真是太低了，每秒钟还不到 10 次，已经远远低于我们听力的范围，所以我们听不到声音，在我们眼中，蝴蝶就变成了安静无声的飞行者。

花丛中飞来飞去

蝴蝶经常在花丛中飞来飞去，其实，它们是被花儿的花蜜吸引。要知道，那可是蝴蝶最爱的食物。当然，蝴蝶也不会白白采集花蜜，它们还会顺便帮花儿传递花粉，所以，花儿很欢迎蝴蝶来做客呢。

休息一下

有一只蝴蝶在花丛中飞来飞去，飞了很久，有些累了。瞧，它停在一朵花上，将翅膀合拢起来，竖在背上。哦，原来蝴蝶是这样休息的。

看我的触角

　　快拿起放大镜来看看，除了艳丽的翅膀，蝴蝶还有什么特征？聪明的你一定已经发现了，蝴蝶的触角非常有趣，形状就像两根小棒子，而且顶端还会膨大起来，像顶着小豆粒似的。

扑火的飞蛾

飞蛾和蝴蝶是一对好姐妹，不过它们的不同之处可不少，想要学会怎么分辨蝴蝶和飞蛾吗？马上告诉你秘诀！

气味做"红娘"

　　飞蛾寻找配偶的方式很特别，它们用气味来吸引异性。原来，雌蛾的身上有一种特殊的化学物质，我们叫它性外激素。当雌蛾分泌性外激素的时候，即使距离很远，雄蛾也能敏感地嗅到，然后立刻赶来，寻找自己心仪的对象。

飞蛾扑火的秘密

假如在晚上点燃篝火，用不了多久，就会有飞蛾绕着火光旋转，最后竟然扑进篝火中。为什么会这样呢？原来，飞蛾喜欢在晚上行动，月亮就是它们的"路灯"。看到火之后，迷糊的飞蛾就会把火误当作月亮，朝着它飞过去。

蝴蝶和蛾子

一只蝴蝶和一只飞蛾待在一起，你能说出它俩有多少不同点吗？瞧，蝴蝶的翅膀多好看啊，色彩和花纹都很华丽，它的触角顶端膨大，就像小棒子，它感到累的时候就把四翅合拢，竖立在背上休息。再看这只飞蛾，它整个身体都是棕色的，触角像羽毛一样，它累的时候会将四翅平铺着休息。

长着"牛角"的天牛

你知道吗？有一种"牛"能在天上飞！它就是天牛，是一种会危害树木的昆虫。

长角

天牛的触角很长，甚至超过了它们身体的长度。长角是天牛的感觉器官，能够帮助它们寻找食物和探测危险。

听听天牛的声音

天牛是靠胸部或腹部的摩擦发出声音的。遇到敌人时，天牛就会发出"嘎吱嘎吱"的声响，企图吓退敌人。如果天牛张开翅膀飞起来，我们还能听到"嘤嘤"的声音呢。

可恶的害虫

　　天牛是害虫，而且它们还是幼虫的时候危害最大。这些小家伙刚孵化出来，就会钻进树皮中偷吃，慢慢地还会侵入树干内部，有的还会蛀食树枝甚至树根。受到它们侵害的树木，不仅生长发育会受到影响，还很容易生病，甚至死亡。

会吐丝结茧的蚕

蚕长得白白胖胖，看上去非常惹人喜爱。你知道吗？这些小家伙不仅可爱，而且还有很厉害的本事呢，快让我们来瞧一瞧吧！

好胃口

蚕的一生要从一枚卵开始，它们刚孵化出来的时候，长得又黑又小，就像小蚂蚁似的，所以它们这时候叫作"蚁蚕"。用不了多久，它们就能够大口大口地吃桑叶了。蚕的食欲特别好，十分能吃，可以昼夜不停地吃桑叶，所以它们生长的速度也很快。

吐丝绝技

蚕之所以能够吐丝，是因为它们有一个特殊的身体器官——丝腺。蚕就是靠丝腺吐丝的。蚕将桑叶吃进去之后，会对其中的营养成分进行消化和吸收，其中的氨基酸被丝腺储存下来，变成蚕丝，被蚕宝宝"吐"出来。

它会结茧

蚕不仅能吐丝，还会结茧。蚕结茧是为了保护自己，它们要制造一个安全、舒适的环境来完成由蚕变成蛹然后蜕变成蚕蛾的过程。

爱打架的蟋蟀

昆虫界的歌唱家不少，蟋蟀就是其中之一。不过，蟋蟀这个歌唱家的性格很古怪，它喜欢和同伴打架。这是怎么回事呀？

"同性相斥"

　　蟋蟀的性格孤僻，喜欢独自生活，只有在繁殖期，雄蟋蟀和雌蟋蟀才会短暂地生活在一起。这时，倘若两只雄蟋蟀遇见了，那可就不得了了，它们可不能容忍别的家伙进入自己的领地，一场恶战就不可避免了。

它用翅膀唱歌

　　在蟋蟀家族中，只有雄蟋蟀才能鸣叫"歌唱"，而且方式很特别——翅膀一张一合，相互摩擦来发出声音。这个"歌声"是吸引雌蟋蟀的法宝，雄蟋蟀会为自己的心上人"唱"出动听的歌声。

鸣叫有意义

　　蟋蟀发声除了吸引异性，还能表达很多不同的意思——宣示主权、警告闯入者、得胜后的高傲……

寿命短暂的蜉蝣

有一种昆虫，它们在地球上生存的历史非常悠久，但是生命却非常短暂，它们的名字叫作蜉蝣（fúyóu）。

这就是蜉蝣

蜉蝣古老而原始，它们非常柔弱，头很小，触角看上去像是两根硬毛，虽然前翅很发达，但是后翅已经退化了，而且都不能折叠。蜉蝣腹部的末端长着一对很长的尾须，看上去就像长着一条分叉的细长尾巴似的。当然，对于蜉蝣的这一系列观察，都要在放大镜下才能完成，因为它们很小，最小的只有几毫米长。

短暂的生命

蜉蝣的生命真是太短了，最短的只有一天而已，怪不得人们会用"朝生暮死"来形容它们。尽管如此，蜉蝣却在这生命中仅有的一天里完成了最重要的任务——繁衍后代。

不是"短命鬼"

蜉蝣生命短暂指的是它们变成成虫的时候。在此之前，它们还要经历幼虫生活，这段时间大概有一年左右。所以说，蜉蝣并不是"短命鬼"。当蜉蝣还是幼虫的时候，它们生活在湖水或溪水中，以水中的藻类和其他植物为食，有时也会尝一尝水底的碎屑。

会发光的萤火虫

萤火虫能发出不同颜色的荧光，它们因此而得名。在夏天的夜晚，一只只萤火虫四处飞舞，它们有的落在草地上，有的飞在半空中，就像是一颗颗小星星，真美呀！

发光的奥秘

萤火虫的腹部末端长着一个"发光器"，里面藏着很多发光细胞，其中最主要的两种物质是荧光素和荧光素酶。这可是一对配合默契的好搭档，萤火虫呼吸的时候，荧光素酶就会帮助荧光素和氧气发生反应，萤火虫就这样发出了光。

光的妙用

光是萤火虫的语言，它们通过荧光相互交流，传递信息。雄萤火虫利用荧光追求雌虫，收到"荧光信号"的雌萤火虫也会及时给予回应。根据这种"荧光信号"，雄萤火虫就飞到雌虫身边，与它结成伴侣。

不一样的"冷光"

　　也许你会有疑问,萤火虫的荧光那么亮,是不是很烫啊?其实这点完全不需要担心,萤火虫发出的光虽然瞧上去亮,但基本没什么热量,而且也不会产生磁场,人们把这种不热的光称为"冷光"。根据萤火虫的冷光,人们还发明了冷光灯呢。

美丽的树木杀手——吉丁虫

吉丁虫长得非常漂亮，但是它实际上却是危害树木的害虫。想知道吉丁虫的更多秘密吗？让我们一起揭开吉丁虫的面纱吧。

"彩虹的眼睛"

吉丁虫长得漂亮极了，它的外形色彩鲜艳，而且还闪耀着金属的光泽，因此得名"彩虹的眼睛"。不过，它还是幼虫时，长得又长又扁，颜色也并不绚丽，是最简单的乳白色。

"爆皮虫"

吉丁虫还有另外一个名字——"爆皮虫"，这是因为它是会危害树木的害虫，不仅会蛀食树木，甚至还能让受害树木的树皮爆裂。

飞行高手爱阳光

吉丁虫非常热爱阳光，不仅总是在白天活动，就连休息的时候，也总是栖息在树木向阳的一面。它的飞行能力很强，不仅飞得高，还能飞得很远，想要捉住它可不是一件容易的事情。

不怕脏的"清道夫"——蜣螂

你知道蜣（qiāng）螂长什么样吗？这种昆虫身上披着一件"铠甲"，头就像一个铲子，前肢非常矫健，真像是威风凛凛的大将军。

自然界的"清道夫"

蜣螂的食物很特殊，它们竟然以动物的粪便为食！正因为这样，它们有了"屎壳郎"这个名字。在蜣螂们的眼里，这些臭烘烘的粪便可是美味的食物。有了蜣螂分解、食用粪便，环境干净了许多。

丰富的食物储备

蜣螂喜欢将粪便堆积起来，慢慢滚动，制作成一个球的形状，然后把粪球推进自己的洞穴里，慢慢享用。雌蜣螂还会将卵产在粪球里，等蜣螂小宝宝孵化出来之后，它们直接就有丰富的食物来源，不用担心饿肚子了。

神奇的导航能力

蜣螂在推着粪球滚动的时候，前面的视线都被挡住了，它们不会迷路吗？我们的担心是多余的，事实上，蜣螂具有厉害的导航能力，不仅太阳和月亮会帮助它们寻找方向，就连星星都能成为它们的路标。

夏天的"歌唱家"——蝉

夏天到了，总少不了蝉的鸣叫，那一声声激昂动听的歌声，陪伴我们度过了炎热的季节。

歌声有变化

蝉的歌声可不是单一不变的。当遭遇危险或受到惊吓的时候，蝉会发出凄厉的叫声；当它们在寻找配偶的时候，发出的声音中则透着欢快。更有趣的是，蝉也有"方言"，不同地方的蝉叫声也不一样。

歌唱家的秘密

蝉是怎么发出声音的呢？这就要说说它们的特殊工具——腹部的"发音器"了。蝉的发音器就像一面大鼓似的，不仅能够连续不断地发出声音，而且发出的声音非常洪亮。

你唱歌，我来听

在蝉的世界中，只有雄蝉会唱歌，雌蝉没有发音器，只能做"哑巴"蝉。不过，作为补偿，雌蝉却长着听器，能够听到雄蝉的歌声。

危害树木的害虫

蝉每天都在不停地为大家歌唱，它们口渴了怎么办？别担心，蝉长着坚硬的口器，可以刺入树干中，吮吸树的汁液。不过这对树木来说可不是什么好事，如果被吸走的树汁太多，树木就会干枯。所以，蝉虽然是大名鼎鼎的歌唱家，但也是危害树木的害虫。

漫长的地下生活

蝉的一生几乎都是在黑暗的地下度过的。它们刚从卵里被孵化出来的时候，还是树枝上的小小幼虫，风一吹，就轻飘飘地落到地面上。它们会快速钻到土里，开始以吸食树根汁液为生的日子。这段蛰伏的日子会非常漫长，短的有两三年，长的会持续十几年呢。

短暂的地上生活

经历了 4～5 次蜕皮，蝉终于变成了成虫，终于能到地面上生活了。不过它们的生命也进入了倒计时——只剩下两个多月了。蝉必须抓紧时间寻找伴侣，然后共同孕育新的生命。

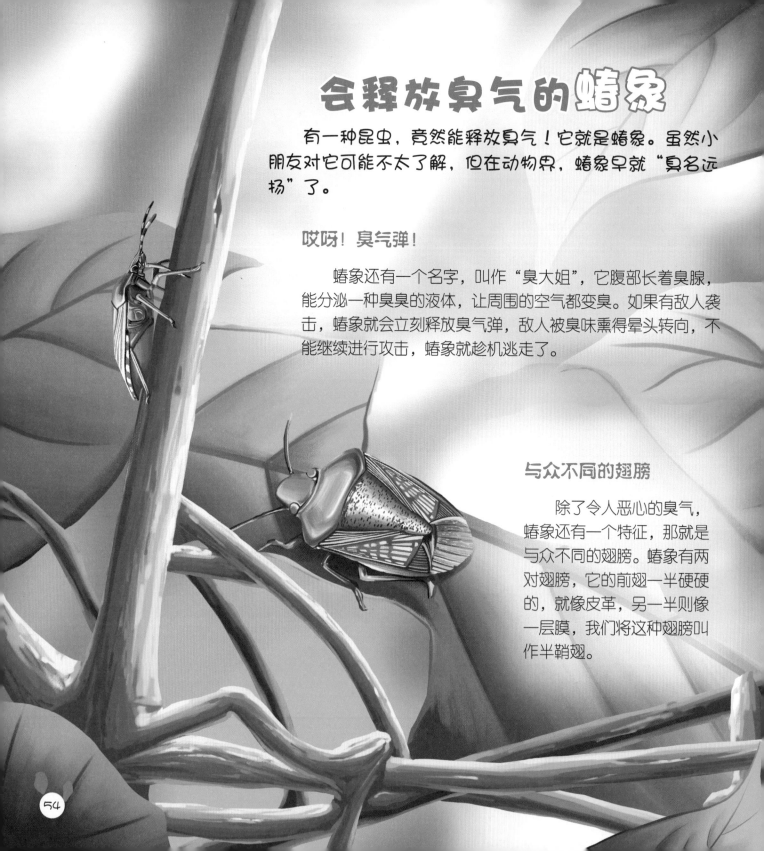

会释放臭气的蝽象

有一种昆虫，竟然能释放臭气！它就是蝽象。虽然小朋友对它可能不太了解，但在动物界，蝽象早就"臭名远扬"了。

哎呀！臭气弹！

蝽象还有一个名字，叫作"臭大姐"，它腹部长着臭腺，能分泌一种臭臭的液体，让周围的空气都变臭。如果有敌人袭击，蝽象就会立刻释放臭气弹，敌人被臭味熏得晕头转向，不能继续进行攻击，蝽象就趁机逃走了。

与众不同的翅膀

除了令人恶心的臭气，蝽象还有一个特征，那就是与众不同的翅膀。蝽象有两对翅膀，它的前翅一半硬硬的，就像皮革，另一半则像一层膜，我们将这种翅膀叫作半鞘翅。

蝽象吃什么？

　　大部分的蝽象都以植物为食，它们的口器就像一根针，能插进植物中吸取汁液。当口器不使用的时候，蝽象会将口器贴在胸腹部放起来。有些种类的椿象也吃肉，它们会捕猎其他昆虫作为食物，有时还会向同类下手呢！

会唱歌的伪装者——螽斯

螽（zhōng）斯其实就是我们常说的"蝈蝈"，它是昆虫界有名的歌唱家，除此之外，它还有不少本领呢，让我们快快进入螽斯的世界一探究竟吧！

我和蝗虫不一样

第一眼看上去，你一定会觉得螽斯和蝗虫长得很像。但是，我们再细细瞧一瞧就会发现，蝗虫的触角又粗又短，但是螽斯的触角却很细，就像丝一样，而且特别长，甚至超过了身体的长度。

弃足而逃

蠹斯非常善于跳跃，它的后腿十分发达，遇到敌人时，它会用弹跳的方式来逃跑。更让人惊讶的是，如果一条腿被抓住了，为了保住性命，它会放弃被捉住的腿。

伪装大师

蠹斯很善于伪装，白天的时候，我们很难发现它。蠹斯能够长时间一动不动，来让自己的伪装变得完美。就拿叶片蠹斯来说吧，它能让自己看上去就像是一片腐败的树叶，上面还有像是被咬过的"小洞"，真是太神奇了！

摩擦出的歌声

蝈蝈的叫声总是和夏天一起到来，想知道它是如何发出声音的吗？那就要蝈蝈的翅膀来为我们解答了。正是靠摩擦前翅，蝈蝈才能"唱"出美妙的歌。一个夏天，蝈蝈摩擦翅膀的次数就能达到5000万~6000万次呢！

不挑食

蝈蝈的食物很复杂，它们有的会吃植物的茎叶和果实，有的会捕食小昆虫，胆子大的还会向蝗虫发起挑战，甚至连同类都不放过。

"婚恋曲"演奏开始!

到了恋爱的季节,几只雄性螽斯就会凑在一起,共同演唱求爱的歌曲,它们这样做的目的是要吸引雌性螽斯。这样的"婚恋曲"往往要演奏很长时间,终于,有一只雌螽斯听到了这"爱的呼唤",经过一番考察,它会选择声音最洪亮的雄螽斯作为自己的恋人。

叫声的作用

当两只螽斯要打架的时候,它们会高唱"战歌",像是在给自己加油鼓劲,也像是在向对方示威。另外,如果发现周围出现了敌情,螽斯还会用叫声向大家发出警报,提醒大家:注意!有危险!

艳丽的害虫天敌——七星瓢虫

"身体是个半球形，背上背着七颗星。蚜虫见它就害怕，棉花丰收全靠它。"大家知道这说的是哪一种昆虫吗？告诉你吧，它就是七星瓢虫。

瓢虫有七星

你见过盛水的水瓢吗？瓢虫的形状看上去和水瓢很像，因此而得名。而七星瓢虫，顾名思义，它的背上长着七个斑点，就像是七颗小星星似的。

自卫能力强

　　别看七星瓢虫的个头小小的，它却能让很多猎手无可奈何。它脚上的关节可以分泌一种特殊的黄色液体，这种液体的味道非常难闻。当七星瓢虫遇到危险时，就会使用这个特殊武器，敌人受不了那难闻的气味，就被熏走了。

演戏高手

　　除了使用气味保护自己，七星瓢虫还会用假死的方式来逃脱危险。瞧，当发现有敌人逼近时，七星瓢虫会忽然从树上掉到地上，还把脚都收回到肚子底下，一动不动地躺着，就像死去了一样。不喜欢吃尸体的猎手见到这种情况，只好离开了。

我是"活农药"

　　七星瓢虫是益虫，专门捕捉害虫，麦蚜、棉蚜、槐蚜、介壳虫、壁虱等害虫都是它的猎物。光是一只七星瓢虫一天就能吃掉130多只蚜虫呢！有了七星瓢虫这个害虫天敌在，农作物就不怕被害虫侵害了。

瓢虫家族

　　七星瓢虫有很多瓢虫小伙伴，它们都是瓢虫家族的成员，但并不是所有瓢虫都像七星瓢虫一样是益虫，它们中有的竟然是可恶的害虫呢。那该怎么分辨呢？告诉你吧，只有十星瓢虫、十一星瓢虫、二十八星瓢虫是害虫，其他瓢虫都是消灭害虫的益虫。

机智的隐身大师
——竹节虫

如果不仔细看，你一定发现不了竹节虫，它可是了不起的伪装大师！竹节虫的身材细长，身体上还有竹节似的分节，实在太像草叶或树枝了。

"隐身术"

竹节虫无愧于"伪装高手"这个称号，它不但长得像树枝，还可以表现得跟树枝一样。白天，它待在草叶或树枝上，可以长时间一动也不动。微风吹来，它会随风轻轻摆动，让自己完美地融入到周围的环境中。

闪光的翅膀

大部分竹节虫没有翅膀，不过也有例外，少数竹节虫不仅有翅膀，而且翅膀的色彩十分艳丽。当遇到危险时，这些竹节虫就会立刻飞起来，用翅膀闪动的彩光吓退敌人。

假死

竹节虫受到惊吓的时候，会落到草丛中，一动不动，有的竟然会保持这种假死状态达一个小时，这样一来，敌人会误以为它已经死了，因此放弃捕猎，因为很多动物都不喜欢吃尸体。

只有妈妈，没有爸爸

我们都知道，只有爸爸妈妈在一起，才能生出小宝宝来。不过，竹节虫却有些与众不同，它们有一个很特别的本领：有的雌虫不需要雄虫做伴侣，自己就能直接产卵。这听上去真神奇！

千奇百怪的卵

竹节虫在昆虫界属于大中型成员，不仅如此，它们的卵个头也很大，而且形状各种各样，千奇百怪。如果不是亲眼看到是哪只竹节虫产下的卵，你一定分不清这些卵的妈妈是谁。

可以再生

竹节虫的本事可真多，它还能再生呢！瞧，它的腿关节中间有缝，当遇到危险的时候，竹节虫的腿很容易自行脱落。但是，别为它担心，竹节虫的腿很快还能重新长出来。

最长的昆虫是谁？

有一种巨型竹节虫，它的身体竟然有33厘米长，看上去就像是一根长长的枯枝，它是身体最长的昆虫之一。

危害植物的蚜虫

拿起放大镜仔细看看，这株植物上有一只只小虫子正贪婪地吸食汁液，它们的名字叫作蚜虫，是危害植物的害虫，而且它们的繁殖速度还非常快，真让人头疼。

风儿带着我们旅行

蚜虫的个头非常小，只有几毫米，所以它们行动起来十分缓慢，不过，它们想到了一个好主意，那就是跟着风儿去旅行。风儿一吹，它们就跟着飘走了，依靠这种方法，小小的蚜虫还能进行远途旅行呢。

轻松的进食

蚜虫的嘴就像是一根针，把它插进植物中，不用费劲就能吸到植物的汁液了。可是，蚜虫吃饱喝足了，植物却遭了殃，不仅被吸食了汁液，还可能被传染其他疾病。

蚂蚁保护我

蚂蚁和蚜虫是一对好伙伴，蚂蚁还会保护蚜虫呢。你一定会感到纳闷，蚜虫是可恶的害虫，蚂蚁为什么要保护它们呢？原来，蚜虫吸食完植物的汁液，就会分泌出一种黏黏的、甜甜的物质，我们叫作蜜露，那是蚂蚁的最爱。

吸血善飞的牛虻

在昆虫家族中，牛虻算是个头比较大的成员，这并没什么特别的，但可怕的是，牛虻竟然吸血，这是怎么回事？快来自己找答案！

飞行迅速

牛虻的活动时间在白天，尤其阳光强烈的中午，那时候它们最活跃。它们擅长飞行，而且飞行的速度非常快。

大一号的"苍蝇"

在池塘边和小河旁，我们都能看到牛虻的身影，它们的头很大，长着非常大的复眼，上面还有绿色、红色或者其他金属色的闪光。牛虻看上去有点像苍蝇，但是它们的个头比苍蝇大多了，而且，更重要的是，牛虻是吸血的。

擦亮眼，分雌雄

想要分辨牛虻的性别？看它们的眼睛就能知道，雄牛虻的两只眼睛在中间是有相接部分的，而雌牛虻的眼睛中间是隔着一段距离的。

吸血的坏家伙

别以为所有的牛虻都吸血，雄牛虻可没有这样的爱好，它们比较喜欢吸食植物的汁液。但是雌牛虻可就不好惹了，它们的嘴很尖锐，能够刺穿动物厚厚的皮。雌牛虻常常聚集在牛和马的身上，吸食它们的血液，只要几分钟，就能吸满一肚子血。

威武强壮的独角仙

独角仙力气特别大，能够拉动比自己身体重很多倍的东西，堪称昆虫界的"独角大王"。

头上一只角

独角仙的体形较大，头上长着一个大大的角，顶端还有分叉，十分雄壮有力。不过只有雄性独角仙才长着角，雌性独角仙不仅体形相对较小，而且头上也没有角。

吃什么？

当树木受伤时，伤口会流出汁液，那可是独角仙最爱的美味。而且，独角仙非常大方，会和其他昆虫一起分享。不仅如此，如果有熟透的水果，独角仙也会毫不客气地吃进肚子里。

小独角仙出生了！

　　雌独角仙怀孕后会去
寻找一个合适的产卵地点。
它们也许会选择在一根朽木下的
土壤中产下自己的小宝宝，因为这
里含有丰富的有机质。独角仙的卵是
乳白色、椭圆形的，它们会渐渐变得更
大更圆，并孵化成小幼虫。随后，小幼虫们
会变成蛹，然后才会羽化成为和爸爸妈妈一样
的独角仙成虫。

叩头求饶的 叩头虫

有这样一种小虫子，当落入敌人手里的时候，它们会叩头求饶。它们就是叩头虫。

叩头 "求饶"

叩头虫很有趣，被捉住之后，它们的前胸会不断地弯下，然后又挺直，同时还会发出"咔咔"的声音，就像是在叩头请求被放过一样。

逃跑

其实，叩头虫不断重复的叩头动作，不是在求饶，而是它们逃跑的方式。原来，叩头虫的前胸腹板上长着一个小突起，当它们的头胸部弯下的时候，这个小突起正好就巧妙地插进了胸部的一个沟槽中，当它们直起身子，小突起就被弹出了沟槽，而叩头虫就会趁机借着弹力高高地跳起来逃跑。

善于跳跃的寄生者——跳蚤

跳蚤是会吸血的寄生虫，无论雄性还是雌性，吸起血来都绝不含糊。想知道这些可怕的小家伙身上有什么秘密吗？嘘，让我们一起来看看！

跳蚤什么样？

跳蚤非常小，它们通常都寄生在动物身上。跳蚤身上长着很多毛，触角又短又粗，嘴却十分锐利，可以方便它们吸血。因为长期过着寄生生活，跳蚤的翅膀已经退化了，但是后腿却十分发达。

跳跃达人

跳蚤的后腿很粗壮，这让它们拥有了非凡的弹跳能力，甚至可以跳过它们身长 350 倍的距离，真让人难以置信！跳蚤跳啊跳，跳到动物身上，它们就不会轻易离开了。

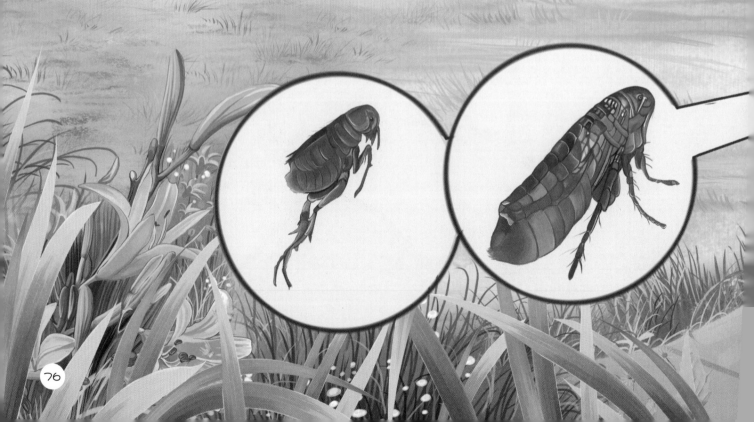

坚韧的外壳

跳蚤虽然小，但是却有着非常坚韧的外壳，这可以有效地保护它们，可别小瞧这层"保护衣"，据说它可以让跳蚤承受比自身的体重大 90 倍的重量呢。

长着"象鼻子"的象鼻虫

象鼻虫是昆虫世界中种类最多的一群成员，它们长得非常有特点，绝对让你见过一面就不会再忘记。快让我们开始寻找象鼻虫的旅程吧！

幼虫在哪里？

这里有一只怀孕的雌性象鼻虫，它即将产卵。瞧，它用自己长长的口器在植物上钻出一个小洞。雌性象鼻虫就把小宝宝产在这个小洞里。象鼻虫幼虫的身体是淡黄色的，头部非常发达，能够在植物的茎内甚至根内钻来钻去，并进行蛀食。

我长着"象鼻子"

象鼻虫最明显的特征就是长着一个"长鼻子",几乎能占到身体的一半。不过,你知道吗?其实那并不是象鼻虫的鼻子,而是它们的口器,象鼻虫就是用它吃东西的。

专一的害虫

象鼻虫是害虫,而且还是非常专一的害虫,很多成员都主要危害一种植物,例如谷象鼻虫主要危害谷物,棉花象鼻虫则主要吃棉花的芽和果实……

喜欢黑暗的地鳖

地鳖其实很常见，如果我们来到用土盖的房子附近，在墙根周围的土里，就能看到它们的身影。

翅膀辨雌雄

地鳖的身体扁扁的，全身呈棕黑色。如果你发现一只地鳖长着翅膀，那它就是雄性的；假如没有翅膀，那它就是雌性地鳖。

喜欢黑暗

地鳖生活在阴暗潮湿的土壤中，它们害怕阳光，喜欢黑暗。白天的时候，它们会躲起来，等到夜晚来临，它们才会活跃起来。